성폭력 문화에 깃든 감정 노동과
우리 사회의 보이지 않는 문제들

LA CHARGE ÉMOTIONNELLE et autres trucs invisibles
text & illustrations by EMMA
Copyright © Massot Editions, 2018
　　　　　© Emma, 2018
All rights reserved.

Korean translation copyright © Woorinabi Publishing Co., 2019
This edition was published by arrangement with Massot Editions, Paris, France.

이 책의 한국어판 저작권은 저작권자와의 독점계약으로 우리나비에 있습니다.
저작권법에 의해 한국 내에서 보호를 받는 저작물이므로 무단 전재와 무단 복제를 금합니다.

성폭력 문화에 깃든 감정 노동과
우리 사회의 보이지 않는 문제들

엠마 지음 | 강미란 옮김

우리나비

차례

1	그럼 안 되지, 그렇긴 한데… 	006
2	꼭 해야 하는 역할 	022
3	어느 경찰관 이야기 	032
4	미셸 	070
5	사랑의 힘 	092

그럼 안 되지,
그렇긴 한데…

초등학교 때 있었던 일. 나는 학교에서 급식을 하지 않았다. 대신 나와 몇몇 친구들을 돌봐 주던 아줌마네 집에서 점심을 먹었다.

어린이들, 식사 맛있게 하고 와요!

그러던 어느 날, 점심을 먹으러 갔더니 아줌마의 남동생이 와 있었다.

아줌마 동생이야, 인사해.

안녕하세요?

당시 아줌마의 헤어스타일이 이 정도로 이상하지는 않았을지도 모른다는 생각이 든다마는…
어차피 뭐, 남의 뒷담화를 좋아하고 억지로 나에게 시금치를 먹였던 그 아줌마가 싫었다.
그러니 그냥 넘어가기로 한다…

아줌마의 동생은 시답잖은 농담과 우스꽝스러운 행동으로 아이들의 인기를 끌었다.

하지만 나는 그 아저씨가 참으로 **거슬렸다**.

아저씨 때문에 마음이 불편했지만 난 아무 말도 하지 못했다.

집을 나서기 전, 나에게 인사를 하려고 얼굴을 갖다 대는 아저씨의 입에 술 냄새가 진동했다.

다시 학교로 돌아가는 길, 속이 너무나 메스꺼웠다. 아까 아줌마네 집에서 있었던 일은 절대 정상적인 게 아닌 것 같았다.

하지만 그런 생각을 하는 건 나뿐인 듯했다…

정말 그랬다. 그런 생각을 한 건 나 혼자뿐. 왜냐하면 그다음 날…

이렇게 겨우 여덟 살 난 여자아이는 배운다. 한 어른에게서…
남자 어른이 여자아이들을 귀찮게 하는 건 너무나 정상적인 일이라고,
더군다나 그 어른이 여자애들을 좋아하는 경우는 더욱 더 그렇다고…

내가 뭘 어떻게 해서 그런 게 아니다.
그저 어리고 귀엽기 때문에 그런 상황을 만든다는 것이다…

이런 얘기, 이미 우리가 너무도 잘 알고 있지 않나? 남자들은 성욕을 자제하기 어렵다.
그러니 이른바 **문제될 일**을 피하기 위해서는 여자들이 조금 덜 매력적으로 보여야 한다…
뭐, 이런 식의 얘기들…

이걸 바로 성폭력 문화라 부른다.

내 친구들 역시 이런 문화에서 나고 자랐다.
그중 어떤 아이들은 여자애들 치마 걷기를 놀이처럼 즐기기도 했다.

하긴, 그게 뭐 대순가? 어른들은 이런 얘기로 노래도 만들어 불렀는걸?!

중학교 때는 뒤에서
브래지어를 푸는 장난을 쳤고,

고등학교 때는 엉덩이를 슬쩍 만지거나
갑자기 키스를 하는 무례를 저지르는데.

내 첫 경험은 19살 때였다. 당시 남친의 행동은 조금 도를 넘었던 것 같다.

당시 나는 남친의 그런 행동이 당연한 건 줄 알았다. 그래서 좋다, 싫다 말도 하지 못했다.

싫다는데 억지로 뭘 시키는 건 나쁜 행동이란 걸 알았다. 하지만 우리는 어떻게 배웠나?

그런 행동을 하는 이들은 우리가 모르는 사람들이고, 아주 못생겼고, 위험하고 폭력적이며,
지하 주차장이나 어두운 골목길에 주로 숨어 있다고 배우지 않았던가?

당시 남친은 내가 모르는 사람도 아니었고, 못생기지도 않았고, 폭력적이지도 않았다.
정말 평범한 그런 남자, 하지만 조금 도를 넘는 행동을 하는 그런 남자였다.

그런 행동을 하도록 부추기는 문화 속에서 자란 평범한 남자 말이다…

친구들과 얘기를 해 보니 대부분 나와 비슷한 경험을 한 적이 있다고 했다.

그리고 깨달았다. 이런 성폭력 문화에 대적하기 위해서는
그저 지하 주차장 치한을 몰아내는 것만으로는 충분치 않다는 사실을.
더 나아가 우리 삶 안에 들어와 있는 남자들, 즉 오빠나 남동생, 남사친, 아버지, 남편, 남친 기타 등등…
이들과 진지한 대화를 나눠 봐야 한다는 걸 깨달았다.

무조건 섹스만 하려고 들지 말고 파트너의 확실하고 자유로운 동의하에서
이루어지는 섹스를 원하라고 가르쳐 줘야 한다는 걸 알았다.

하지만 남자들에게 이런 얘기를 꺼낼 때마다 돌아오는 대답은 거의 비슷했다.

남자들은 인정했다. 어쩌다 보면 상대방의 확실한 동의 없이 성관계를 가진 적도 있었다고.
하지만 진짜 중대한 문제는 따로 있단다.

소위 **성범죄자**라 여겨지는 사람들과 자기들이 같은 취급을 받아서는 안 된다는 것!

하지만 상대방에게
죄책감을 느끼게 해서
어쩔 수 없이 잠자리 허락을
받아 내는 것이나…

술에 취한 틈을 타
여자친구에게 음흉한 짓을
하려는 것이나…

폭력을 행사하려는
것이나…

다 똑같은 생각에서
온 게 아닐까?

성관계에 있어 여자들의 동의를 얻는 건
그리 중요하지 않다는 생각. 정말 중요한 건
어쨌든 섹스를 하고야 말겠다는 바로 그 생각.

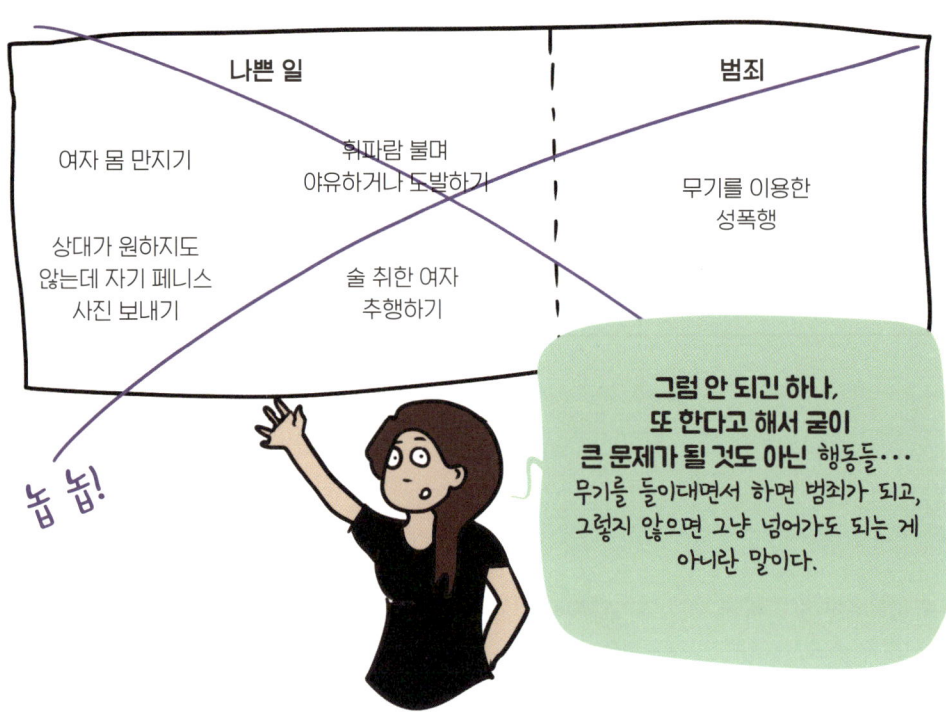

나쁜 일	범죄
여자 몸 만지기 휘파람 불며 야유하거나 도발하기	무기를 이용한 성폭행
상대가 원하지도 않는데 자기 페니스 사진 보내기 술 취한 여자 추행하기	

그럼 안 되긴 하나, 또 한다고 해서 굳이 큰 문제가 될 것도 아닌 행동들⋯ 무기를 들이대면서 하면 범죄가 되고, 그렇지 않으면 그냥 넘어가도 되는 게 아니란 말이다.

놉 놉!

성폭력

여자 몸 만지기	휘파람 불며 야유하거나 도발하기	무기를 이용한 성폭행
상대가 원하지도 않는데 자기 페니스 사진 보내기	술 취한 여자 추행하기	

이 모든 행동은 일직선상에 놓고 봐야 한다. 정도의 차이는 있겠으나 성폭력 문화 속에서 계속해서 이루어지고 있는 부당한 행동들, 상대방의 동의 정도는 살짝 무시하고 지나쳐 버리는 그런 행동 모두가 바로 성폭력이다.

이런 행동이 모두 불법은 아니다만⋯ 어쨌든 금지해야 할 일들이다!

어떤가? 우리 아이들이

이런 일… 혹은 이런 일을…

겪어도 좋단 말인가?

나는 싫다. 그렇다면 뭘 어떻게 해야 할까?

먼저 우리 스스로를 돌아볼 필요가 있다는 걸 받아들여야 하지 않을까? 성에 대한 우리의 태도는 어떤지 스스로에게 질문을 던져 볼 필요가 있겠다.

페미니스트들은 이미 오래전부터 이런 문화적 변화를 일으킬 수 있는 다양한 꿀팁들을 알리기 시작했다.

그리고 성폭력 문화에서 동의의 문화로 발전해 가는 것이다.

하지만 성관계에 있어 동의를 장려하는 것이
전통적인 남녀 관계에 문제를 일으킬지 모른다는 케케묵은 생각이 만연한 게 사실이다.

여자 잘못 '꼬셨다가' 감옥 가게 생겼네!

어디 무서워서 여자 혼자 있는 엘리베이터에 타기나 하겠어?

남녀 사이의 숨막히는 '밀당' 따위는 이젠 없는 건가?

우리가 갖고 있던 선입견, 일반적인 생각들, 알게 모르게 세뇌된 사실들··· 이 모든 걸 다 없애 버려야 할 것이다.

이를테면 성추행과 유혹의 차이가 모호하다는 입장 같은 것 말이다. 어떤 사람들은 이 사이의 경계가 무척 희미하다고 하나 알고 보면 그렇지도 않다!

남자는 쉽게 도를 넘고 여자는 어쩔 수 없이 받아들이는 게 당연한 것처럼 세뇌시키는 미디어···

이것뿐인가, 특히 주의해야 할 것이 아이들의 교육 문제다.

그리고 이런 변화가 가능해지려면 바꾸고자 노력하는 움직임이 더 많아져야 한다!

2

꼭 해야 하는 역할

왜여?

2017년 10월, 다들 기억하리라 생각한다.
일상생활에서 수없이 겪어야 했던 성폭력, 성추행에 진저리가 난
여성들이 모두 들고일어난 일 말이다.

수많은 남자들이 충격에 빠졌다. 내 주변 남자들은
이 문제를 해결하기 위한 우리 여자들의 이야기와 생각에 귀를 기울였다.

정말? 항상 그랬단 말이야?

그렇다니까! 벌써 10년째 같은 얘기를 하고 있는데…

하지만 남자들이 다들 그런 건 아니었다. 일종의 **저항** 세력 같은 게 생겼기 때문이다.
정말 아쉽게도 몇몇 여자들에게 힘을 얻은 남자들이 불평을 털어놓기 시작한 것이다.

정말 끔찍한 일이 벌어지고 있어요!

그 누구도 여자를 유혹하려 들지 않을 거예요. 남녀 관계는 모두 끝났다고요!

한 가지 짚고 넘어가야 할 흥미로운 점이 있다.
바로 성추행이나 이와 비슷한 행동을 옹호하는 여자들 대부분은 경제적인 여유가 있는 사람들이라는 점이다.
또한 이 여자들이 보호하려고 하는 남자들 역시 같은 부류의 사람들이라는 사실!

유명 인사라면 여자를 좀 귀찮게 해도 된단다. 그럼 여자들끼리의 연대 관계는? 그건 나중 일이다.

성폭력의 희생자가 되는 사건과 섹스 파트너를 구하지 못하는 현상을 비교하려 드는 사람들…
이 사람들의 머릿속에서 대체 무슨 일이 일어나는지 살피는 데 시간을 끌지는 않겠다.

이걸 꼭 말로 하지 않아도 다들 이해할 테니까…

남자들이 갖는 두려움은 잘못된 선택에서 비롯된 것이다.
꼭 진상처럼 집적거려야만 여자를 유혹할 수 있는 건가?
그냥 심플하게 말을 걸어 보고 상대방 여자의 의견을 존중해 주면 된다.

만일 상대방이 대답하지 않거나…

 말하고 싶지 않다고 한다면…

그럼 깨끗이 관두면 되는 일! 물론 기분이 좀 나쁘고 자존심도 상하겠지만 말이다.

우리는 아주 어려서부터 꼭 해야 하는 역할에 대해 알게 모르게 길들여지고 있었던 것이다.

여자 아기는 이런저런 액세서리로 꾸미고…

조금 더 크면 누군가에게 예쁘게 보일 수 있는 옷을 입힌다.

이렇게 우리는 아주 어릴 적부터 생김새와 옷차림에 대한 사람들의 평가에 익숙해져 간다.

크면 클수록 시대가 원하는 여성미의 기준에 맞춰야 한다는
일종의 강박 관념과 사회적 억압에서 벗어나기가 어려워진다.

여자들의 역할 중 가장 중요한 건 결국 남자들에게 매력적으로 보이는 일이라고
생각하도록 세뇌받고 있었다. 우리 모두가 말이다…

언제, 어떤 상황에서 남자를 유혹할지, 그와 썸을 탈지 직접 결정하겠다는 여자들의 목소리…
어떤 이들에게는 이런 목소리가 영 거북하게 들릴지 모른다. 뭐, 놀랄 일도 아니다.

웹진 〈마드므와젤 MadmoiZelle〉에
실린 기사 〈길가에서 당하는 성추행이냐
아니면 칭찬이냐, 그것이 알고
싶다〉에 대한 어느 남성 독자의
이메일 중 발췌.

성추행을 뿌리 뽑으려고 노력하는 대신…
오히려 남자들의 '유혹'을 거부하는 여자들이 자신의 역할 수행을
제대로 못 하고 있는 거라며 나무라는 꼴이라니…

이보다 더 웃기고 팔짝 뛸 일이 있다.
우리 여자들을 그저 유혹할 대상으로만 보는 남자들!
이런 남자들은 여자들이 남녀 관계에 있어 무척 소극적이라며 불평을 한다는 사실이다…

성추행이니 뭐니 무서워서
조심하다 보면 남녀 관계에 분명 문제가
생길 거라는 님들에게 이렇게 말해 주고 싶다.
그래서 생기는 문제가 아니라고,
오히려 그 반대라고!

인류가 남녀 관계에 대해
잘못된 편견을 갖고 있는 건 이미
오래된 일이다. 남자아이와 여자아이를
다른 방식으로 키우는 것도 문제요,
여자들이 성폭력의 희생자가 될까 봐
걱정하는 것도 문제다. (물론 이유 있는
걱정이긴 하다만…) 우리는 이를
바꾸기 위해 노력하고 있는 것이다.

어떻게 상대야 어떻든 아랑곳 않고
내 욕구만 채우려고 들 수 있는가?
어떻게…! 난 절대 이해할 수 없다.

하지만 어떤 사람들에게는
이게 아무것도 아닌 모양이다.

좌파인 '척'하는 신문

더 이상 아무 말도
할 수 없다

검열 거부!

전격 보도: 남자의 유혹에
흔들리지 않는 '센' 언니들
@MeToo

'맘놓고 대시 좀 해 보자!'

Emma.

3

어느 경찰관 이야기

작년, '프랑스 퀼튀르' 라디오의 '레 피에 쉬르 센'이라는 프로그램에서 에릭의 이야기를 듣게 되었다.

나는 그의 이야기를 블로그에 올리고 싶었다. 곧바로 에릭에게 연락하여 만나자고 청했다.

약속 장소는 몽파르나스 근처. 난 늘 그렇듯 약속 시간보다 먼저 도착했다. 그런데!

그리고 이어진 에릭의 이야기…

거칠게 다뤘다는 말이 무엇인고 하니!
에릭의 아버지는 6개월도 채 되지 않은 에릭과 그의 형제들을 물속에 집어 던졌다고 한다.
왜? 그렇게 수영을 배우라고 말이다.

그뿐인가, 체력 단련을 시킨답시고 꽤 높은 곳에 철봉을 달아 놓고 그 위에 매달려 있게 했단다…

그의 아버지는 폭력적으로 변했고, 그럴 때마다 어머니가 에릭을 지켜 줬다고 한다.
대신 매를 맞아 가면서…

에릭의 말에 따르면, 그의 아버지는 머리도 짙은 갈색이고 눈도 검은색이었다고 한다.
하지만 그는 금발에 파란 눈을 가진 아리아족의 모습을 선망했다는데…

에릭의 아버지가
연출하고 찍은 사진

자기 아들들 중 금발에 눈이 파란 아이에게 시켰다고 한다.
머리카락과 눈 색깔이 짙은 갈색인 다른 형제들을 때리라고…
정작 자신도 금발에 파란 눈이 아니면서 말이다.

에릭이 일곱 살 때, 여태껏 평생 주부로만 살았던 어머니는 집을 나가기로 결심했다고 한다.

에릭의 어머니는 아버지와 이혼하고 보험 설계사가 되었다.
그렇게 집집마다 다니며 일을 했고 아이들을 키웠다.

에릭과 형제들은 어머니를 따라 마르세이유의 서민촌에 살게 되었다.
대부분의 시간은 형제들끼리 보냈다고 한다.
어머니는 일 때문에 자주 집을 비울 수밖에 없었기 때문이다.

어머니가 돈을 주고 나가면 에릭과 형제들은 그 돈으로 사탕을 사 먹었다.
그리고 진열대에 있는 음식을 훔쳐 먹기 시작했다.

에릭과 형제들에게 학교는 지켜야 할 것이 너무도 많은 골치 아픈 장소였다. 그러니 학교 규칙도 안 지키고 말도 안 듣는 아이들은 강제 조퇴를 당하곤 했단다.

에릭은 어린 시절 이사를 자주 다녔다고 한다. 마르세이유에 살던 에릭 가족은 나중에는 니스로 집을 옮겼다.

하지만 에릭의 어머니는 아무것도 몰랐다. 아이들은 엄마 몰래 가정 통신문에 사인을 했고, 학교에서 보내오는 우편물은 엄마가 보기 전에 얼른 숨겨 버렸기 때문이다.

이사를 할 때마다 학교를 옮겨 다녔으니 한 곳에 정을 붙일 수가 없었다. 정학을 당하기 일쑤였고, 결국 중 3 어느 날 다니던 학교에서 퇴학을 당하고 만다.

학교를 떠난 에릭은 모나코의 어느 자동차 정비소에 정비공 조수로 취직을 하게 된다.

하지만 구박만 받던 그는 결국 정비소를 떠나게 된다. 손님들에게 받은 팁을 다 들고 먹튀!

그 후 에릭은 비행기 정비공이 되기 위해 시험을 보기로 했다.

전 2등으로 붙었어요. 1등으로 붙으면 코르시카섬으로 발령을 받는 거였는데, 마침 1등으로 붙은 사람이 거기로 안 가겠다고 한 거예요, 여자친구 때문에요.

그래서 제가 그곳으로 가게 됐죠!

그곳에서 에릭은 구조 활동 등에 투입되었다. 함께 일하는 동료들도 좋았다고 한다.

하지만 동료들끼리 분위기가 좋다 보니 하루가 멀다 하고 술자리가 이어졌다.
술도 술이지만 제대로 잠을 못 자다 보니 에릭의 건강은 점점 나빠졌다고 한다.
그러던 어느 날, 동료들끼리 축구 시합을 하던 중 갑자기 기절할 것 같은 기분이 들었다고 한다.
결국 그는 그곳을 떠나기로 결정했다.

당시 그의 몸무게는 56kg.

그 후 에릭은 소일거리와 아르바이트를 병행하며 살았다.
그런 에릭이 딱해 보였는지 그의 매부가 한 가지 조언을 하게 된다.

소위 문제아였던 시절, 에릭은 경찰과 부딪치는 일이 많았다.
그러다 보니 경찰에 대한 막연한 동경심이 있었는데…

> 경찰이라…
> 정말 멋진 직업이긴
> 하지.

> 사람들을 보호하는 일…
> 정말 마음에 들어.

1983년, 에릭은 1등으로 시험에 합격해 경찰관이 된다.
그는 코르시카섬에서 근무하고 싶다고 요청했지만 첫 발령 장소는 파리였다.

에릭은 형사과에 들어가 앙드레 르 바르스 밑에서 일하게 된다.
앙드레는 자기 팀원들이 경찰로서의 소명과 임무, 윤리를 확실히 지킬 것을 요구했다.

> 생김새가 마음에
> 안 든다고 해서 무조건
> 심문을 하거나 하는 행동은
> 삼가야 해!

> 조사받는 용의자
> 손가락 하나라도 건드렸다간
> 내가 가만 안 둘 거야!

검문, 출동, 모든 것이 안전하고 순조롭게 진행되었다고 한다.
에릭의 일은 누군가를 감시하거나 어딘가에 잠복해 있다가 적당한 때에 들이닥치는 것이었다.
가끔은 하루 종일 기다리다가 시간을 보내는 경우도 있었다고 한다.

에릭은 경찰 일이 무척 좋았다고 한다.

1987년 어느 날, 에릭은 드디어 코르시카섬으로
발령을 받게 되었고, 여태 몸담고 있던 형사과를 떠났다.
새로운 곳의 일은… 한가하기 짝이 없었다.

에릭은 일부러 슬리퍼를 질질 끌며
출근을 하기도 했단다. 일종의 도발이요,
눈에 띄려는 행동이었다. 하지만
아무도 신경을 쓰지 않았다고 한다.

그러다 코르시카
민족주의자들한테라도
걸려 봐, 아주 골치 아파.
난리가 날 거라고.

순찰 정도는 슬슬 돌아도 돼.
하지만 아무도 심문하거나
잡지 마, 알았지?

좋은 아침입니다!

에릭은 아예 대놓고 결근을 했다. 출근을 하는 대신 잡초를 뜯고
가시덤불을 없애는 등 황무지를 일궈 테니스장을 만들기도 했단다.

더 이상 견딜 수 없었던 에릭은 아내를 설득해 다시 파리로 올라가게 된다.
그리하여 파올로라는 반장이 이끄는 야간 근무조에 투입된다.

우리 팀에 온 걸
환영하네!

파올로는 이탈리아 출신으로 유술 검은띠 보유자였으며, 용감무쌍하기로 소문이 자자했다.

그러나 에릭의 기대는 한 번에 무너져 버리고 만다…

무전을 잘 활용해야 일을 잘하는 것처럼 보인단 말이지.

반대로 무슨 문제가 있잖아? 그럼 절대 말하지 마. 무전으로 인력 보강을 요청하긴 하되, 너한테 문제가 있다는 걸 알리면 안 돼.

출동 명령이 날아오잖아? 그럼 바로 대답해, 곧 간다고.

그리고 사이렌을 울리면서 겁나 달려, 누가 봐도 출동하는 것 같게.

대단하게만 보였던 파올로와 그의 팀. 이게 다 겉모습에 지나지 않았다는 걸 에릭은 깨닫게 된다.

이번 달만 벌써 30건이야!

목표는 달성했으니까 이제 설렁설렁 해.

파올로의 팀원들은 쓸데없이 사이렌을 울리며
위험한 폭주를 감행하기도 했고…

이렇다 할 잘못도 없는 이를 쫓으며 건물 지붕 위를 뛰어다니는
위험천만한 일을 하는가 하면…

동네 성노동자들과의 애매모호한 관계를 유지하며…

너무나 폭력적이고 인종 차별 언행까지…

물론 에릭이 이 문제에 대해 언급하지 않은 건 아니다… 그저 소용없었을 뿐.

한번은 순찰을 돌고 있는데 바바리맨이 나타났다는 무전을 받았다고 한다.
그날 밤근무가 파올로네 팀이란 걸 안 성노동자들이 신고를 한 것이다.

파올로의 밤근무 조는 경찰 팔띠도 차지 않고 사이렌도 없이 무작정 바바리맨을 쫓기 시작했다고 한다.
이들을 포주로 오해한 바바리맨은 완전 패닉 상태가 되어 난폭 운전을 한 모양이다.

결국 에릭을 들이받고 마는데…

밤근무 조는 부상당한 에릭을 싣고
계속해서 추격전을 벌였고, 결국 안되겠다 싶었는지
사이렌을 켰다고 한다. 그제서야 바바리맨은
경찰임을 알고 차를 멈췄다는데…

파올로의 팀원들은 온갖 폭력을 동원해
바바리맨을 차에서 끌어냈고…

바닥에 내동댕이친 후 인정사정 볼 것 없이
때렸다고 한다.

이제 그만 좀
때리고
데려가자!

경찰서로 돌아오자 사법 경찰관이 에릭을 불렀다.

팀원들은 거짓 보고서를 수정할 수밖에 없었다.
그 이후, 에릭과 팀원들 사이는 점점 벌어져만 갔다는데…

결국 에릭은 경찰로서의 본분을 제대로 지키지 않은 팀원들에 대해
상사에게 보고하기로 마음먹었다고 한다.

얼마 후, 에릭은 대질 조사 출석 요청을 받게 된다.

대질 조사 날, 경찰서장은 아파서 못 나온다며 대신 다른 부서 반장이 와 있었다고 한다.
그 외에도 세 명이 더 있었는데, 그들은 이미 회의 전에 와서 대화를 나누고 있었다고 한다.

그들 중 갓 출산 휴가를 마치고 돌아온 동료 한 명만
나머지 사람들과 별로 친해 보이지 않았다고 한다.

에릭의 동료들은 긴장이라곤 손톱만큼도 하지 않고 있었다.
그러다 보니 자기들도 모르게 잘못의 일부를 인정하기까지 했단다.

에릭은 또 한 번의 대질 조사가 있을 거라고 확신했다고 한다.
그날 있었던 조사 내용 보고서를 받아보기 전까지는 말이다…

그러나 서장의 반응은 기대했던 것과 너무나 달랐으니…

그제서야 그들은 알았다고 한다.
보고서를 위조로 작성한 장본인이 바로 서장이었다는 사실을!

그 후 에릭은 파올로의 팀에서 나와 엘리제 궁 보초를 서게 되었다.

이러고 있으니 현관에 내다 놓은 화분이 따로 없네···

에릭은 보초들의 근무 복장이 얼마나 적절치 않은지 보여 주기 위해 부단히 노력했다고 한다.
이를테면 장갑을 낀 채로 사격 연습을 한다든지 하는···

야, 장갑 끼고 쏘면 안 돼! 손이 미끄럽잖아! 누굴 죽이기라도 할 작정이야?

바로 그거야, 이 복장이 얼마나 위험한지를 보여 주려는 거라고.

에릭이 처음으로 함께 일했던 앙드레와 그의 팀원들은
아무도 몰래 에릭을 데리고 근무를 나가기도 했단다.

그러던 어느 날, 조금은 특별하고 말이 많았던 사건이 일어났다고 한다.
결국 서장이 그 사건의 보고서에서 에릭을 발견한 것!

에릭은 다시 엘리제 궁으로 돌아가 보초를 섰다고 한다.

하지만 동료들의 잘못된 행동을 낱낱이 밝히는 데 게을리하지 않았다고 한다.
더 윗사람, 더 윗사람, 더 윗사람에게 알렸지만… 별 효과는 없었다고.

그러던 어느 날이었어요. 함께 일했던 팀원들이 윗선에 아부를 하느라고 이상한 소리를 떠들어 댄 거예요. 자기들이 아는 성노동자 중 한 명이 슬쩍 알려 줬는데 아주 큰 절도 사건이 곧 벌어질 거라고…

정말 절도 사건이 벌어진 건 맞았어요. 문제는 따로 있었죠. 성노동자들은 절대 경찰에게 그런 정보를 주지 않는다는 사실입니다! 경찰이 알아봤자 자기들에게 좋을 일이 없기 때문이죠.

그걸 윗선에서도 잘 알고 있었죠.

결국 팀원들 중 니코라는 자를 도청하고 미행까지 해 봤더니,
다름 아니라 그가 바로 포주였다는 사실! 성노동자 중 한 명과 동거를 하고 있었고,
그 두 사람은 스위스에 비밀 계좌까지 갖고 있었다고 한다. 그런 그를 가만 놔둘 수는 없었다.

결국 니코는 체포되었고
1년 징역을 살았다고 한다.

에릭은 이런 일이 벌어진 김에 다른 팀원들의 폭력적 행위 등도
마땅히 처벌을 받아야 한다고 생각했다.

에릭은 그 후 14구 경찰서로 발령을 받았다.
하지만 에릭이 문제 삼았던 일은 하나도 시정되지 않았다고 한다.

이 밖에도 에릭은 '서류상의 숫자' 때문에 일어나는 많은 문제들을 접할 수 있었다고 한다.

어느 날 저녁, 에릭은 교통경찰 팀과 함께 근무를 나갔다고 한다.
이들은 표지판이 제대로 설치되지 않아 문제가 많기로 유명한 로터리 근처에 자리를 잡았다.
이때 마침 길을 잘못 든 운전자 한 명이 진입금지 도로로 들어왔다고 한다.

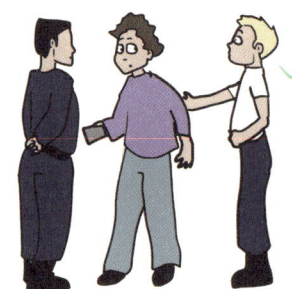

그날 이후 에릭은 이미 존재하는 노조들을 찾아가 보기로 했다.
하지만 실적을 위한 서류 조작이나 경찰들의 폭력 따위는 노조의 관심사가 아니었다.
노조의 간부들은 정치 쪽으로 합류할 궁리만 하고 있었던 것이다.

그리하여 에릭은 1995년 스무 명 남짓한 동료들과 함께 전국경찰노동조합을 만들게 된다.

에릭은 10년 동안 단 한 통의 범칙금 고지서도 발급하지 않았다고 한다.

2003년 10월의 어느 날 밤, 에릭은 '78-2'라는 작전에 투입되었다고 한다.

원칙적으로 78-2는 검사의 허락이 떨어져야 시작된다.
검사가 해당 지역 담당 경찰서장에게 연락해
지시를 내리는 식으로 말이다.

하지만 실질적으로는 그렇지 않다고 한다.
한 지역을 선택해 그곳에서 불심 검문을 하기로
결정하는 이들은 검사가 아니라 경찰들이란 것이다…

그날 에릭은 폭력적이기로 소문난 (특히 진압 과정에서…) 무니르라는 경찰과 동행했다.
무니르는 아무도 몰래 장갑 속에 무기가 될 만한 것을 숨겨 놓곤 했다.
소위 '불량 청소년'이라 불리는 이들을 아무도 몰래 폭행하려는 속셈이었다.

그렇게 서로의 목소리가 커지자…
결국 에릭이 나서기로 했다.

결국 에릭은 그날 있었던 일에 대해 보고서를 작성하기로 마음먹었다.

에릭의 보고서가 검토된 것은 사실이나
그렇다고 해서 무니르가 처벌을 받거나 하진 않았다고 한다.

그 후로도 에릭은 경찰들이 벌이는
갖가지 폭력 사건에 대해 보고서를 올렸다.
그걸 보고 상관들이 가만있을 리 없었다.

결국 에릭의 상관들은 그를 골로 보낼 계획을 짜고 실행에 옮겼다고 한다. 2001년부터 2008년 사이, 에릭을 상대로 하는 소송이 여섯 차례나 열렸으며 그는 이 법원에서 저 법원으로 불려 다녀야 했다. 물론 이렇다 할 증거가 없었기에 에릭은 늘 무죄로 풀려났다. 하지만 여러 소송 문제로 심신이 쇠약해졌던 에릭은 결국 번아웃을 겪게 된다.

동료들 중 에릭을 응원했던 이들은 똑같이 푸대접을 받았다.
그 나머지 동료들은 에릭에게 못되게 굴었다.

에릭을 해고시키려는 윗선에 합세하여 어떤 이들은 거짓 증언까지 했다고 한다.

2008년, 지치고 쇠약해진 에릭은 정년퇴직을 하게 된다.
하지만 그는 변호사를 통해 자신이 연루된 모든
소송에 대해 끝까지 가겠다는 입장을 표명했다.

그래서 에릭은 모든 걸 포기했다…

이것이 바로 평화를 지키고 싶었던
어느 평범한 경찰관의 이야기이다…

Epilogue

에릭은 딸네 집에서 멀지 않은 피레네 어딘가에 집을 마련했다고 한다.
빠듯한 연금으로만은 살 수 없어 별장 경비 일도 보고 있단다.

카페에서의 만남이 끝나 갈 무렵, 나는 경찰 제도에 대해 에릭에게 물었다.

4

미셸

트루아에서 공부하던 시절. 나는 그때 미셸을 만났다.

어찌나 밝고 붙임성이 강하던지… 왠지 미셸에게 끌렸다.

그 후 우리는 정기적으로 만났다.
미셸은 나에게 아주 개인적인
이야기도 하곤 했다.

트루아 토박이였던 미셸은
열여덟 살에 D를 만났다고 했다.

그 후 미셸은 세 명의 아이를 낳았고 가정주부로 살았다고 했다.

D는 각종 집수리를 도맡아 하는 작은 사업을 시작했고,
미셸은 애들을 돌보며 그 회사의 행정 업무를 도왔다고 한다.

그뿐인가, 미셸은 돈을 조금 더 벌어 볼 생각에
자기 애들을 보는 김에 동네 아이들도 함께
돌봤다고 한다.

사업자 신고 같은 건
안 하고 그냥 용돈 벌 생각에
일을 시작했지.

시간이 흘러 아이들은 다 자랐고 다들 독립해서
집을 나갔다. 그러자 미셸은 동네 마트에
시간제 알바 자리를 얻었다고 한다.

손님, 채소는 저울에
직접 달아서 가격표를
붙이셔야 해요.

마트에 풀타임으로 정식 채용해 줄 것을 부탁했지만
매번 거절을 당했다. 하지만 알바 월급으로도 살 만했고
그렇게 10년을 버텼다고 한다.

내가 졸업반이었을 때였다. 미셸의 남편 D는 미셸에게 이혼을 하자고 했단다.

내 청춘을 바쳐 도와줬는데
이제 사업이 좀 되나 싶으니까
그 돈 먹고 튀겠다고?
어떻게 이런 일이 있을 수 있어,
어떻게!

처음에 미셸은 D를 잡기 위해 뭐든지 다 하려고 했다.

"D가 좀 망설이는 것 같아. 오늘 아침에도 오랄 섹스를 해 줬어, 매일 해 달라고 안달이니 원…"

"아줌마가 억지로 한다는 걸 알면서도 D가 계속 원해요?"

얼마 후에는 다 포기하는 눈치였다… 그러더니 나중에는 분노를 표했다.

"앞으로 혼자서 어떻게 살지?"

"그 회사를 위해서 내가 얼마나 희생을 했는데! 그건 자기가 다 가져가고… 나한테 남은 건 아무것도 없어."

"20년이 넘게 내가 그 회사 회계를 봤는데… 감히 양말짝 버리듯 날 버려? 그래, 어디 한번 보자, 나 없이 회사가 잘 굴러갈 줄 알아? 그러면 그 젊은 년도 도망가겠지. 그때 가서 후회해 봤자 소용없어!"

몇 달 후… 미셸은 다 접고 새로운 시작을 하려는 모양이었다.

"특히 저녁 때 너무 좋아! 자고 싶을 때 아무 때나 자도 되니까."

"게다가 이젠 와이셔츠 다림질 안 해도 되잖아!"

"난 섹스하는 게 너무 싫었거든. 그런데 D는 매일 안 하면 안달이 나서 짜증부터 내곤 했으니…"

하지만 시간제 알바로는 월세 내기도 너무 힘들었다.

미셸은 마트 알바와 더불어 가사 도우미 일도 시작했다.
그러다 그만 허리를 다치고 말았다.

그렇게 미셸은 1년도 안 되어 독립 생활을 포기하고 말았다…

결국 미셸은 P와 같이 살기로 했고 경제적인 안정을 찾았다.

하지만 다시 와이셔츠 다리는 일을 시작했다…

아직까지도 남녀 커플 사이에서는 미셸이 겪었던 일이 발생하곤 한다.
처음에는 서로 돕고 의지하며 살자고 다짐한다…

그러나 곧 남자가 할 일, 여자가 할 일을 따로 나누는 함정에 빠지게 되는데…

남자는 밖에서 풀타임으로 일한다. 따라서 집안일에 드는 지출을 남자가 감당하게 된다. 남자는 회사를 위해 일한다. 자기 사업을 하는 경우에는 자기 자신을 위해 일하게 된다. 이를 우리는 생산 노동이라 부른다.

여자는 하던 일을 잠시 접거나 파트타임으로 일을 하면서 아이를 돌보고 집안일을 도맡아 하게 된다. 이를 우리는 생식 및 번식 노동이라 부른다.

언뜻 보면 나름 정당한 역할 분담으로 보일 수도 있다.

각자 할 일은 각자가… 하지만!

생산 노동을 하는 이는 월급을 받고, 사회적 지위가 생기고, 퇴직 후에는 연금을 받는다.

하지만 생식 및 번식 노동의 경우를 보자. 누가 알아주지도 않을뿐더러 그 많은 일을 무보수로 하는 셈이다.

이런 상황을 가만히 들여다보자면… 마치 남자에게 집안일이며 가족들을 돌봐 주는
자원봉사자가 있는 것과도 같다. 물질적 지원을 해 주는 대가로 말이다…
하지만 이 물질적 지원은 여자에게 직접 돌아가는 것도 아니고 이를 통해 여자는
어떤 보장도 받을 수 없다. 의료 보험도, 실직 수당도, 퇴직 후 연금도…

이러한 이유로 아이를 낳은 후 파트타임으로 일을 하거나
일을 그만둔 여자들은 남자와 헤어지고 나서 경제적인 어려움을 겪는 것이다.

남편이 사업을 시작하자 저는 집안일을 도맡아 했어요. 그리고 남편은 저를 떠났죠. 아르바이트 자리를 찾긴 했지만 한 달에 700유로로 살아야 해요.

의대를 나왔지만 아이 넷을 기르느라 일은 못 했어요. 남편에게 다른 여자가 있다는 건 알지만 아무 말도 못해요. 남편이 저를 떠나면 어떡해요? 혼자 살 수가 없잖아요.

저는 이것저것 허드렛일만 했어요. 진짜 커리어를 쌓은 건 남편이죠. 전 제대로 일을 못 했기 때문에 연금도 조금밖에 못 받을 거예요… 그래도 이혼을 결심했어요. 그러니 앞으로는 죽을 때까지 일만 하게 되겠죠…

2010년 프랑스 통계청의 발표에 따르면, 이혼 후 여성의 소득은 14.5%가 줄어든 반면 남성의 소득은 3%가 늘었다고 한다. 그것도 위자료를 제외한 소득이 말이다.

미안하다, 얘들아… 하지만 새로 이사할 집에서는 너희 둘이 같은 방을 써야 해.

왓?

퇴직 후 여성들의 연금은 남성들에 비해 26%가 낮다고 한다.
이 또한 위자료는 물론 각종 수당을 다 뺀 후에도 말이다.
그렇지 않으면 적어도 40%의 차이가 날 것이라고 한다…

필요나 의무에 의해 부부 관계를 지속한다는 건 각자에게 슬픈 일이 아닐 수 없겠다.

서로에 대한 사랑으로 이루어진 부부 관계를 지켜 내기 위해선 각자 맡은 일에 균형이 잡혀야 할 것이다.

어떻게 하면 여자들이 무보수로 하는 일에 종지부를 찍을 수 있을까… 페미니스트들은 아주 오래전부터 이 문제에 대해 심각하게 연구하고 있다.

이 자리를 빌려 간단하게 그 연구 성향과 그 흐름에 대해 설명을 해 보고자 한다. 여기에 소개하는 글은 내가 이해한 대로 쓴 것일 뿐 정확한 인용이 아님을 밝혀 둔다.

보수 성향의 페미니스트들은 (공교롭게도 이들이 미디어에 많이 노출되곤 한다⋯)
집 밖에서 일을 함으로써 여성들이 해방될 수 있다고 생각한다.
여자들이 어떤 조건에서 일을 하든 그건 상관하지 않는다.

그렇다⋯ 직업을 갖는다는 건 월급을 받을 수 있다는 말과도 같다.
하지만 그것이 전부가 아니다⋯

2권에서 다룬 '정신적 부하 상태'에서 보았듯, 여자가 밖에 나가 일을 한다고 해서
집안일에서 해방되는 건 아니라는 말이다. 즉, 여자들이 일을 더 많이 해야 하거나,
아니면 다른 누군가에게 집안일을 맡겨야 한다는 뜻이다. 보모와 가사 도우미를 고용하고,
장 본 물건이나 음식 등은 배달을 시키는 등⋯

게다가 이 모든 것을 여자들이 신경 써서 처리해야 한다.

그렇게 맡겨진 일들은… 다른 누군가가 한다.
그것도 아주 적은 수당을 받고 말이다.

그러니 이는 부당 착취 행위가 여유 있는 여자들에게서
힘든 상황에 있는 여자들에게로 옮겨 간 것일 뿐이다.

일부 페미니스트들은 신자유주의적 페미니즘의 위선을 규탄하기도 한다.
여성들을 압제하는 이들은 이민자 남성들뿐이라는 극우 성향의 입장에
신자유주의적 페미니즘이 동의하기 때문인데…

> 가난한 나라는 부자 나라로 '보모와 가사 도우미'를 수출합니다.

> 그리고 이들에게 강요하죠, 서양 문화에 '동화되어야 한다'고 말이에요. 서양 문화는 여성의 권리를 존중해 주는 그런 문화라면서요. 정작 백인 여성들이 하기 싫어하는, 그래서 해방되기를 원하는 그런 일을 시키면서 말이죠.

> 신자유주의 페미니스트들이 어떤지 봤잖아요. 무슬림 여성의 베일 착용을 반대했죠. 베일을 쓰는 무슬림 여성들은 희생자이고, 우리가 그들을 구하고 해방시켜야 한다면서요! 그러면서 정작 그들에게는 집안일을 시키고 아이들을 돌보게 하지 않았습니까?

사라 파리스

월 수입이 있는 건 좋다… 하지만 어떤 조건에서 돈을 버는 것일까?
직업을 갖는다는 것이 모든 여자에게 똑같이 해방구가 되지는 않는다는 말씀!

엘리자베트 바댕테르.
'퓌블리시스' 그룹
후계자이자 대주주.
자산 6억5천2백만 유로로
프랑스에서 13번째 부자.

음, 오늘은 뭘 하지? 고급 식당에서 식사를 할까 아니면 여성들을 억압하는 무슬림 베일에 대한 논문을 쓸까?

비정규직 시간제 가사 도우미.
월 수입 600유로.

반자본주의 페미니스트들은 여성들의 권리와 조건에 대해 연구할 때 사회 계층에서 오는 차별적 문제에 대해서도 고려한다.

가정 내에서의 평등을 위한 해결책을 찾음과 동시에 모든 직업에 있어서의 평등에 대해서도 생각하고 있다.

집 안에서의 생식 및 번식 노동 분담이 이들의 목표일 뿐만 아니라 더 나아가 생산 방식(대부분 공장 생산)에 대해서도 고민한다. 사장단과 직원들 사이의 관계 재정비를 쟁점으로 두고 있다.

70년대 일어났던 '가사 노동 임금 (Wages for Housework) 운동'은
국가에서 가사 노동에 대한 임금을 지불해야 한다는 움직임이었다.
이 운동의 목표는 아주 전략적이었다고 볼 수 있다. 여성들의 터전(즉, 가정)에서
이들을 해방시켜 자본주의 얼개의 근간을 뒤흔들고자 한 것이다.

> 부엌에서 나와 공장에서 일한다고 해서 진정한 여성 해방이 이뤄지는 건 아닙니다.

> 자본주의는 우리 여성들이 무보수로 하는 일을 근본으로 삼고 있습니다. 그러니 가사 노동 임금을 지불한다는 건 자본주의의 근간을 뒤흔드는 일이에요.

> 월급 받는 일을 찾을 것이 아니라 우리가 이미 하는 일, 즉 가사 노동에 대한 임금 지불을 요구해야 합니다. 우리가 있기 때문에 이 세상이 돌아가는 거예요. 우리가 하는 일을 일종의 양보나 희생이라고 생각하면 안 됩니다, 이건 우리의 힘이에요!

실비아 페데리치

어떤 이들은 위의 주장 때문에 여성들이 위험에 몰리는 상황이 벌어질 수도 있다고 비판한다.

> 네, 월급을 받고 하는 일은 비인간적이고 지겹고 따분할 때가 많습니다. 집안일도 마찬가지죠! 여자들에게 가사 노동 임금을 지불한다고 해서 집안일을 하며 느낄 권태와 외로움이 사라지라는 법은 없지 않나요?

> 흑인 여성들은 잘 압니다, 집안일을 해서 돈을 받는 게 어떤 건지를요. 흑인 여성들은 몇십 년에 걸쳐 다른 여성들의 집안일을 돌봐줬지요, 그것도 어쩔 수 없이 강제로요. 정작 자기 집안일은 못 하면서, 자기 아이는 못 돌보면서 말입니다.

> 밖에서 할 수 있는 일을 찾음으로써 여성과 남성 모두가 합심하여 자본주의를 몰아낼 수 있을 거예요! 그렇게 해서 사회주의적 시스템을 도입해야 합니다. '수익 창출'이라는 굴레에서 벗어나고 하기 어려운 일은 자동화시키는 겁니다!

엔젤라 데이비스

자본주의에 대항해 싸우되 각자의 홈그라운드에서 투쟁하자는 것이다.

여성 문제, 노동 문제, 공장 생산성 문제 등에 대해 많은 얘기를 나눠 보았다.

흔히 듣는 얘기와는 달리 정작 바뀐 건 별로 없다고 한다. 80년대 이후 남자들이 집안일에 할애하는 시간이… 겨우 6분 많아졌다고 하니 말이다.

이젠 누구 차례? 그렇다, 바로 남자들에 대한 얘기를 해 봐야 할 차례다. 도대체 남자들은 왜 집안일을 피하려 하는지에 대해 이야기를 좀 나눠 보자.

왜 그럴까? 바깥일 때문에 집안일을 할 시간이 없는 건가?

프랑스 통계청에 따르면 그렇지 않다고 한다. 미혼의 직장 남성에게는 집안일을 할 시간이 충분히 있다는 것이다.
하지만 결혼이나 동거를 시작하는 순간 집안일에서 손을 뗀다고 한다.

자, 이거!

남녀 커플이 함께 살기 시작하면서 남자들이 하는 집안일의 양은 반으로 줄어든다.

대신 여자들이 집안일을 하는 시간은 하루에 한 시간 이상이 더 많아진다고 한다.

노동 시간 문제뿐만 아니라 다른 문제가 더 있다.
우리가 아주 어려서부터 익숙해졌던 남녀 역할 분담에 대한 고정 관념 때문에
남자들은 여자들이 집안일을 할 것이라고 믿고 의지하며,
여자들은 또 그런 상황을 받아들이고 있다는 점이다.

어려서부터 받은 남녀 역할에 대한 교육이 노동을 하는 데 있어서도
남녀 편 가르기를 하는 실정이다. 남자들은 밖에 나가 자기 일에 모든 걸 바치는 반면,
여자들은 그들을 위해 집안일을 무보수로 해 주고 있다.
일부 페미니스트들에 따르면, 이런 현상은 정부 보조금 정책이 장려하는 일종의 타협이라고 한다.

> 우리는 아주 어린 아이들에게 남과 여로 분류되는 성 정체성을 주입시킵니다. 이런 성 정체성은 아이들의 사람 됨됨이와 따로 떼어 놓고 생각할 수 없게 됩니다. 우리는 여자 아니면 남자인 것이죠. 또한 각각의 성에 그 성에 부합한 특징들을 부여합니다. 물건을 정리하고 누군가를 돌보는 건 여자아이들에게 있어 아주 '자연스러운' 행동으로 인식되죠. 그러니 여자아이들이 커서 이런 일을 무보수로 하는 건 너무나 당연하다는 논리입니다.

> 아내가 있는 남자들에게 주어지는 세금 혜택이나 사회 보험 혜택을 생각해 보세요. 이는 노동에 있어 남녀의 역할 분담을 계속해서 장려하고 지속하게 만드는 시스템과도 다름없습니다!

크리스틴 델피

이쯤 되면 다들 이해하셨을 테다, 지금 우리는 아주 복잡한 문제에 직면해 있다는 사실을. 이 문제는 몇천 년에 걸쳐 이어져 온 여성을 지배하는 전통에 그 뿌리를 두고 있다. 그리고 지금 이 문제에 대해 많은 고민과 토론이 이루어지고 있다.

나는 이 문제의 해결책이 아주 간단하면서도 바로 적용이 가능한 것이었으면 좋겠다. 하지만 불평등의 문제가 심리 상담 몇 번 받아 보는 걸로 휘리릭 해결되지 않을 것이란 것도 안다.

우리에게 정말 필요한 건 이 세상 모든 여성들의 삶을 바꿀 수 있는 해결책, 오래 지속될 수 있고 구체적이며 구조적인 해결책을 찾는 일이다.

그런 해결책 중 하나는 평생 수입이다. 돈을 벌기 위해 일을 할 필요가 없다, 왜냐, 수입이 평생 보장되기 때문이다. 그렇게 된다면 우리가 할 수 있는 만큼, 우리의 재능만큼 공동체를 위해 기부할 수 있을 것이다.

어쨌든 해결책은 우리 모두가 함께 찾아야 할 것이요, 그 해결책이 정말 적용되도록 노력해야 할 것이다.

우선 우리가 할 수 있는 일은 불평등 때문에 생겨나는 의존 관계와 불안정한 삶을 거부하는 것이다.

서로 만나 이야기를 나누고, 각자의 경험을 함께 나누는 것부터 시작이다.

이게 바로 정치다. 우리가 삶의 주인이 되는 경험이다. 이렇게 모여 공동체 및 협회 활동을 할 수 있을 뿐만 아니라 여러 목표를 위해 각종 운동을 펼칠 수도 있다. 그러다 보면 결국에는 진정한 평등에 대해 이야기할 수 있는 날이 오지 않겠는가?

Emma.

5

사랑의 힘

언젠가 내가 직장 동료 집에 초대받아 갔던 일을 기억하시는가? 그날 그 커플은 내 앞에서 말다툼을 했다.

그날 내 직장 동료는 나와 그의 남편만 두고 집을 나가 버렸다.

나는 동료 커플의 일에 끼어들고 싶지 않았다.

다음 날, 그 동료를 만나
이야기를 나눴다.
그리고 그녀에게
내 의견을 말했다.

"자기네 남편은 자기가
얼마나 많은 일을 하는지 잘 모르는 것
같아. 집에 늦게 들어가 본 적 있어?
어쩔 수 없이 남편이 애들을 봐야 했던
적이 있었냐고… 그럼 아마
남편도 이해할걸?"

"나라고 안 해 본 줄 알아…?
예전에는 화요일 저녁마다 무용 수업을 들었어.
근데 집에 들어가 보면 남편 기분이 말이 아닌 거야,
짜증만 내고. 그래서 결국 무용도 그만뒀어."

정작 자기 자신의 기분은 제쳐 두고 말이다…

그 동료는 집안일 대부분을 하는 것에서
그치는 게 아니라 남편 기분까지 맞춰 주며
살고 있다는 걸 알았다.

"좋아하던 취미 활동을
그만뒀는데 화나지 않아?"

"나지, 근데 어쩌겠어.
난 괜찮아. 내 기분은 내가
알아서 조절할 수 있으니까…"

동료의 이런 대답에 난 탄식을 자아낼 수밖에 없었다…

하지만 가만히 내 주변을 살펴보니 가족들의 기분을 상하지 않게 하려고 눈치를 보며
정작 자신의 마음은 돌보지 않는 여자들이 많다는 걸 알게 되었다.

우선 나부터 그렇다.

남 기분만 너무 신경 쓰다 보면 정작 내 기분이 상하는데도 어쩌지 못하는 경우도 있다.

사회학자 알리 러셀 호흐실드는 사회생활을 하는 데 있어
자신의 기분을 남들의 기대에 맞추려는 현상에 대해 연구했다.
러셀 호흐실드는 이런 현상을 감정 노동이라 부른다.

가장 흔한 예로 스튜어디스를 들 수 있겠다.
이들은 말도 안 되게 땡깡을 부리는 아이 앞에서, 한 대 후려치고
싶을 정도로 징그러운 진상 고객 앞에서 미소를 잃지 말아야 한다.

고객을 상대하는 감정 노동자들에게 남녀란 없다.
이런 직업에 종사하는 이들은 남자든 여자든 모두 감정 노동을 해야 한다는 말이다.

그런데 말이다… 여자들의 경우, 꼭 고객 앞에서가 아니라도 주변 사람들, 즉 함께 일하는 동료들의 감정적 안락을 위해 신경을 쓴다는 게 문제다.

이런 현상은 비단 회사에서만 일어나는 게 아니다.

너무 적극적으로 나서서
남편이나 남친 건강을 챙기다 보면…

정작 본인은 챙기지도 않는걸…

내 가족 일도 아닌데
남친 가족들의 일을 챙기다 보면…

나에게 직접 해 달라고 부탁을 한 것도 아닌데 내가
미리 알아서 남편이나 남친의 일을 해 주다 보면…

결국 우리는 조금씩 조금씩 그들의 엄마가, 그들의 건강 관리사가 되어 간다.
그들의 애인이, 그들의 아내가 아니고 말이다.

남자들이 자기 파트너의 성욕 부재에 대해 불평을 늘어놓는 걸 나는 자주 듣곤 한다.
하지만 어쩌면 이런 현상이 당연한 거 아닌가? 평등한 남녀 사이가
엄마와 아들 사이로 탈바꿈을 할 때는 말이다…

여자들의 감정 노동은 회사를 나선다고 사라지는 게 아니다.
집에 들어가도 감정 노동은 계속된다.

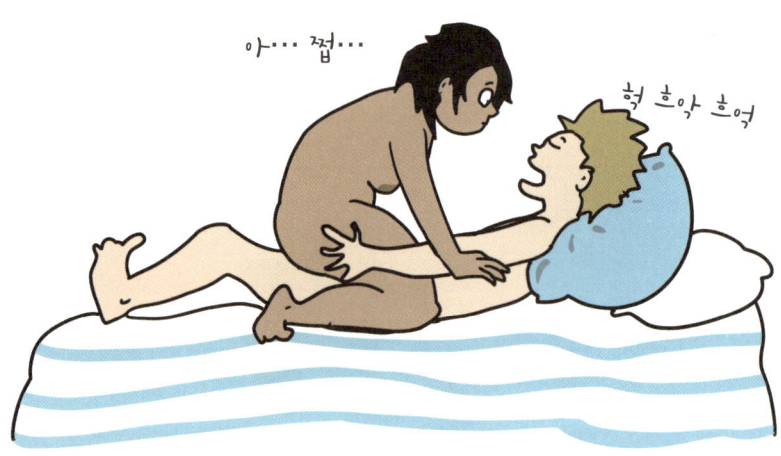

남녀 사이의 성관계는 아직까지도 남자의 오르가슴과 욕정에 중점이 맞춰져 있기 때문이다…

전통적으로 남자가 오르가슴을 느끼는 순간 섹스는 끝난다.
여자가 만족을 했느냐 안 했느냐는 나중 문제.

오르가슴을 흉내 내는 걸로 끝나느냐, 아니다… 많은 여자들은 성관계 후 전혀 만족을 못 했음에도 불구하고 남친이나 남편의 성적 퍼포먼스에 대해 안심까지 시켜 준다고 한다…

정작 느끼지도 않은 오르가슴에 대해 얘기하면서…

성관계에서 자신이 느낀 불만족이 별거 아니라고 거짓말을 하면서…

프랑스 여론 연구소의 또 다른 조사에 따르면, 프랑스 여성 30%는 아주 정기적으로 오르가슴을 느끼는 척 연기를 한다고 한다.

언제나! 항상! 늘! 누군가에게 신경을 쓰고 그들의 안녕을 바라는 여자들, 이들은 지속적이고 보이지 않는 감정의 부하 상태에 있는 것이다.

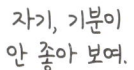
자기, 기분이 안 좋아 보여.

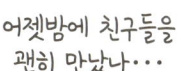
어젯밤에 친구들을 괜히 만났나…

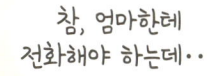
참, 엄마한테 전화해야 하는데…

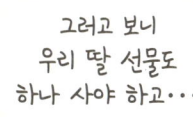
그러고 보니 우리 딸 선물도 하나 사야 하고…

주변 사람들에게 도움을 주고 그들에게 시간을 할애하는 것으로 끝이 아니다.
여기에 더해 주변 사람들의 반응과 감정이 어떤지 끊임없이 헤아리며
되도록 많은 걸 그들에게 맞추려 한다…

물론 다른 사람들을 걱정하고 그들과 공감하는 것은 아주 좋은 일이다.
문제는 이런 감정적인 노력과 시간의 투자가 한 방향으로만 이루어진다는 것!

전통적으로 여자들이 해야 할 일이라고 여겨지는 것들이 쉬이 그러하듯,
남들에게 쏟는 감정적 노력은 제대로 가치를 인정받지 못하고 있다.

함께 일하던 동료 D가 생각난다.
그는 부인이 보내오는 문자 때문에 늘 불평을 늘어놓곤 했었다.

사실 D의 부인은 원피스 (어쩌면 살 마음이 전혀 없었을지 모르는!)
사진을 보내는 것이 진짜 목적이 아니었을지 모른다.

D의 부인은 텔레비전 앞에서 저녁 시간을 보내거나 아이 문제로 얘기를 하는 것 말고
남편과의 소중한 관계, 둘만의 대화를 나누고 싶었던 것이다.

그녀 역시 대부분의 여자들이 그러하듯 삐걱거리는 사회 관계에 기름칠을 하는
소위 '하찮고 별것 아닌 일', 그러나 정작 함께 살아가는 관계를
유지시켜 주는 중요한 일을 하고 있었던 것이다.

중요한 건 초대에 응하는 것도 아니요,
선물을 사는 것도 아니다. 초대를 받았다는 생각,
선물을 사야 한다는 생각을 하는 게
중요하다는 말이다!

안나 G. 요나스도티는 아이슬란드의 정치학자이자 사랑에 관한 연구로 유명한 학자다.
남녀 커플 관계에 대한 그의 연구를 요약하면 다음과 같다.

사랑의 감정은 인간에게 있어 본질적 감정입니다. 이를 통해 자신이 존재한다는 걸 깨닫게 되니까요.

남녀 커플의 경우, 여자들은 자신을 희생하면서까지 파트너를 돌봄으로써 사랑을 표현합니다.

남자들은 이렇게 받은 사랑을 바깥 세상에서 자신의 자리를 찾는 데 사용하죠. 그의 파트너에게 관심과 사랑을 돌려주는 게 아니고요.

요나스도티는 이러한 에너지 전달 과정을 사랑의 힘이라 부른다.

감정 노동은 결코 잉여의 노동이거나 필요 이상의 노동이 아니다.
오히려 그 반대! 감정 노동은 사람들과의 관계 속에서 자신의 목소리를 내고,
새로운 것을 창조하고 경영하는 데 필요한 에너지를 제공한다는 말씀이다.

어려운 순간에도 나를 지켜 주고 응원해 준 아내에게 고맙다는 말을 전합니다.

아주 대단한 과학상을 수상하는 남자. 그의 아내는? 집에서 빨래 개고 있음.

늘, 항상, 언제나 주변 사람들을 위해 뭔가를 제공한다는 건 시간과 에너지를 필요로 하는 일이다.
그러니 정작 개인적 목표와 계획 달성에는 시간과 에너지를 쓸 수가 없게 된다…

리브 스트룀키스트는 그래픽 노블 〈찰스 왕자의 감정〉에서
주변 여자들의 사랑을 발판으로 삼아 개인적으로 성과를 올린 유명인들을 소개하고 있다.

뿐만 아니라 늙고 병든 남편을 끝까지 간호하고 돌본 여자들의 이야기도 소개하고 있다.

반대 상황은 아주 드물다…

요즘이라고 달라졌을까? 2015년부터 2017년까지 암 투병을 하고 있는 배우자를 둔 이들에 대한 연구가 미국에서 진행되었다. 여성 암 투병자 20.8%가 남편에게 버림을 받은 반면 남자 암 투병자는 2.9%만이 아내에게 버림을 받은 것으로 나타났다.

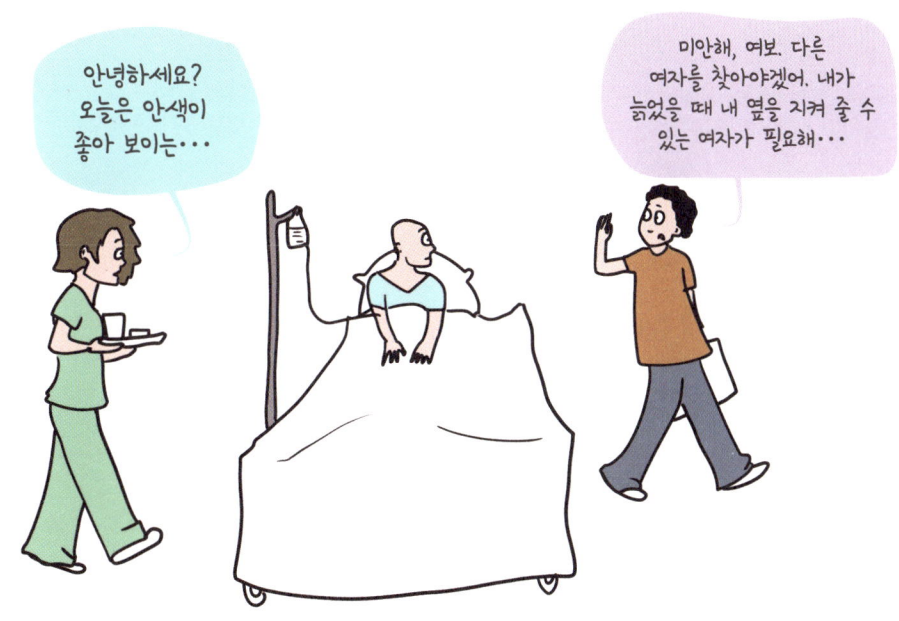

참 답답한 것은 말이다… 남녀가 감정적 노동을 제대로 나눠서 할 경우
남자들은 더 이득이라는 사실이다! 왜냐, 집안일 도와주고 바깥일까지 신경 써 주는
아내의 내조가 없을 경우 어떤가. 남자들 혼자서는 제대로 일을 처리하지 못하기 때문이다.
상처한 남자들은 고립된 삶 때문에 남편을 먼저 떠나보낸 여자들보다
먼저 죽는 일이 많은 것도 이 때문이다.

여자든 남자든, 이런 시스템 때문에 이득 보는 이가 하나 없다.
그럼 어떻게? 바꿔야 하지 않겠는가? 바꾸려면 뭘 해야 하지?

그냥 놔두면 되지 않느냐는 둥, 누가 그런 걸 다 하라고 시켰냐는 둥… 이런저런 비판의 소리가 벌써부터 들려오는 것 같다.

하지만 상처한 남자들의 예에서도 볼 수 있듯이 **그런 걸 다** 해 주는 누군가 덕분에 우리가 인간답게 살 수 있는 것이고, 밖에 나가서 일도 할 수 있는 것이고, '살 수 있다'는 사실을 기억하자!

솔직히 말해 보자. 남에 대해 신경 안 쓰는 세상, 동정심이라고는 찾아볼 수 없는 세상, 주변 사람들에게 일체 무심한 그런 세상에서 살고 싶은가?

이 모든 걸 일상에서 한껏 즐기는 이들은 쉽게 말할 수 있다,
이게 다 필요 없는 것들이라고. 이 작은 관심들이 얼마나 소중한지 모르고 하는 소리다!

내 주변에는 작은 관심과 배려에 굶주린 여자들이 많다.
자신의 이야기를 들어주기만 해도 좋겠다는 여자들이 정말 많다…
안타깝게도 이들은 이런 식의 작은 관심을 받기 위해 돈을 쓴다.
피부 미용을 받는다거나 머리를 새로 한다거나…

어려움을 겪는 누군가를 보고 아무런 행동도 취하지 않는 건 나에게 있을 수 없는 일이다.

솔직히 난 이런 내가 좀 자랑스럽다. 물론 살아가는 데 조금 불편한 점도 있지만 말이다.

남에게 관심을 갖고, 그들을 기쁘게 해 주고, 도움이 필요할 때 손을 내밀어 주는 것…

물론 자기 자신을 잊으면서까지 그러는 건 좀 아니다. 즉, 상호 간에 서로 관심을 갖고 도와야 한다는 말이다.

꽤 괜찮은 일이다.

내 생각에는 남자들이 조금 더 적극적으로 나서 감정적인 면에 신경을 써야 하지 않을까 싶다. 우리들의 이야기에 좀 더 귀를 기울이고 동감하려 노력하면서 말이다. 주변 사람들에게 관심을 쏟고, 그들에게 도움의 손길을 뻗고, 그들을 이해하려 노력해야 한다는 말이다.

그러니 여자들이여! 우리에게 필요한 것이 무엇인지, 무엇 때문에 불편하고 싫은지 확실하게 얘기하도록 하자. 노력하자. 물론 우리가 그런다고 당장 모든 게 달라지진 않겠지만, 그래도!

그럼 더 나은 사회가 되지 않을까?

참고 문헌

그럼 안 되지, 그렇긴 한데…
6쪽

- 크레프 조르제트 블로그, 〈성폭력에 맞서는 법〉
- 크레프 조르제트 블로그, 〈성폭력의 평범함에 대하여〉
- 크레프 조르제트 블로그, 〈남자들은 다 성폭력 가해자들인가?〉
- 유슬, 〈돼지들을 고발함〉, '괄호를 열어라' 채널 비디오
- 〈찻잔이 설명하는 동의〉 비디오

꼭 해야 하는 역할
22쪽

- 〈작은 토끼를 두었네〉, 프로제 크로코딜 블로그
- 〈네 건 네가 내〉, 유혹과 성추행의 다른 점에 관련한 튜토리얼
- 〈길가에서 당하는 성추행이냐 아니면 칭찬이냐, 그것이 알고 싶다〉, 마드므와젤 웹진

어느 경찰관 이야기
32쪽

- 〈어느 경찰관 이야기〉, 도서출판 라 파브릭
- 〈경찰서에서 생긴 일〉, 프랑스 퀼튀르 라디오 '레 피에 쉬르 센' 에피소드 중에서

미셸
70쪽

- 카롤 보네, 베르트랑 가르벵티, 안 솔라즈, 〈이혼과 계약 동거 후 여성과 남성의 생활 수준 비교〉, INSEE 보고서, 2015
- 마르코 제라치, 안 라 빈뉴, 〈남성과 여성의 위자료 차이: 유럽의 경우〉, INSEE 보고서, 2017
- 에르완 오제, 토마 뒤샤른느, 소피 빌롬, 〈남성의 연금에 비해 현저히 낮은 여성 연금〉, INSEE 보고서, 2017
- 엘리자베트 바댕테르, 〈문제〉
- 사라 파리스, 〈여성국가주의의 정치적 경제적 바탕〉, Contretemps 자료
- 사라 파리스, 〈여성 권리의 이름으로: 여성국가주의와 신자유주의〉, Contretemps 자료
- 사라 파리스, 〈여성 권리의 이름으로: 여성국가주의의 발흥〉, Duke University Press Books
- 실비아 페데리치, 〈칼리반과 마녀〉, Entremonde
- 〈여성, 인종, 계층〉, 빈티지 북스
- 크리스틴 델피, 〈집안일, 그 불공평한 배분의 문제. 어떻게 싸울 것인가〉, Les mots sont importants 사이트의 기사
- 크리스틴 델피, 〈강적〉, Syllepse

사랑의 힘
92쪽

- 〈세상을 둘러싼 감정 노동: 알리 러셀 호흐실드와의 인터뷰〉, Global Dialogue
- 알리 러셀 호흐실드, 〈감정의 가격: 감정 노동 속에서…〉, La dcouverte
- 〈프랑스 여성과 오르가슴〉, 프랑스 통계청 조사, 2015
- 안나 G. 요나스도티, 〈사랑의 힘과 정치적 이익: 현대 서양 사회에서의 가부장적 이론〉
- 안나 G. 요나스도티, 〈왜 여자들은 억압당하는가〉
- 리브 스트룀키스트, 〈찰스 왕자의 감정〉
- 키아라 아쿠아티, 〈젊은 암 환자들 사이에서의 성적 기능: 2년간의 연구 보고〉, Cancer 잡지의 소논문
- 크리스틴 길보, 〈상처 그리고 그 후…〉, CAIRN
- 크리스틴 허치슨, 〈왜 여자들은 피곤한가: 감정 노동의 가격〉, 허핑턴 포스트
- 로즈 핵맨, 〈여자들은 이보다 더 가치가 있다…〉, 더 가디언
- 〈감정 노동에 대해〉, The Toast 사이트
- 노에미 르나르, 〈여성미의 이상형과 같은 무능〉, Antisexisme 사이트

성폭력 문화에 깃든 감정 노동과
우리 사회의 보이지 않는 문제들

1판 1쇄 인쇄 | 2019년 8월 16일
1판 1쇄 발행 | 2019년 8월 23일

글쓴이 | 엠마
옮긴이 | 강미란
펴낸이 | 한소원
펴낸곳 | 우리나비

등 록 | 2013년 10월 25일(제387-2013-000056호)
주 소 | 경기도 부천시 원미구 원미로 18번길 11
전 화 | 070-8879-7093
팩 스 | 02-6455-0384
이메일 | michel61@naver.com

ISBN 979-11-86843-42-0 07330
★ 책값은 뒤표지에 있습니다.

이 도서의 국립중앙도서관 출판시도서목록(CIP)은 서지정보유통지원시스템
홈페이지(http://seoji.nl.go.kr)와 국가자료공동목록시스템(http://www.nl.go.kr/kolisnet)에서
이용하실 수 있습니다.(CIP 제어번호: CIP2019030757)